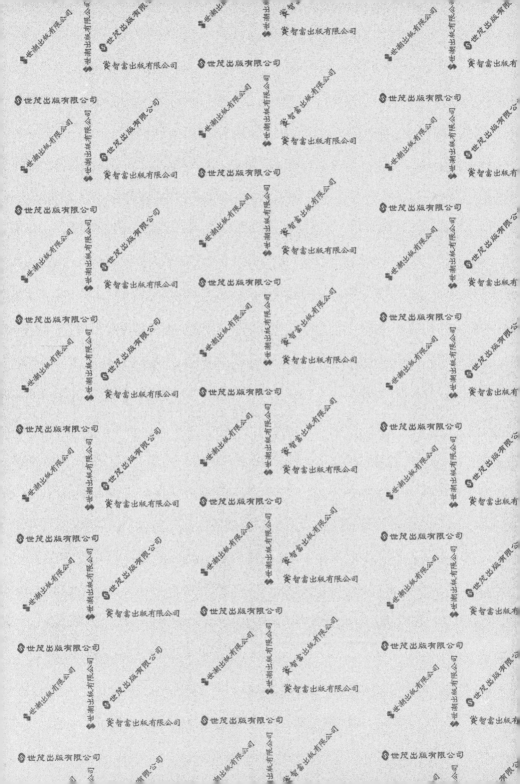

改變孩子的

有效溝通

實例滿載

阿部厚仁 ● 監修
川原由起子 ● 插畫
孫玉芳 ● 譯

就因為身為「聽與說教室」的老師，所以我深深這麼認為

我在小學的「聽與說教室」擔任老師。
來到這間教室的學生有：
因為聽覺障礙而配戴助聽器的小孩、
有些字無法正確發音的小孩、
說話會結巴的小孩、
不能持續進行對話的小孩、
不知如何與同學維持良好關係的小孩等。
如果在聽覺或語言表達上出現障礙，
就會因為聽不清楚或不能正常說話，
導致孩子在溝通方面變得消極，
甚至誤以為自己已經無可救藥。
我們這群老師最重要的使命，

就是要避免發生這樣的情況。
盡力協助孩子提高自我成就感，
讓他發現「其實自己可以做得很棒！」

在「聽與說教室」裡和孩子接觸時發現，
最近在一般的班級裡，
「讓人有點擔心的小孩」也逐漸增加了。

舉例來說，
不擅於言語表達的小孩、
手指不太靈活的小孩、
常會忘東忘西或對整理沒概念的小孩、
不知如何和同學打交道的小孩、
在學習方面總是不順利的小孩……
這些孩子的自我成就感低落，
甚至也可能誤認為自己很糟糕。

無論他們是否有生理障礙，
這種「讓人有點擔心的小孩」，
在某些方面學習不順利或有困難的孩子，
其實處處都能看到。

然而，當我注意到這些孩子的同時，
發現他們的家長與孩子溝通的方式，
也常常令人捏把冷汗。
啊！其實可以不用那種方式對話……或者
啊！其實不必那樣干涉也可以解決……或者
那不是問題的重點等等。
在這個時代，養育兒女
相信會遇到許多令人迷惘及煩惱的事。
也就是因為這樣，能與別人一起思考、
一起交談，絕對有其必要。

所以我真心地認為，
能提供協助是我們的重要任務。
在本書中，我將介紹一些協助的內容，
希望提供給為人父母者當作參考，
如果能引發父母自我反省更好！
相信您可以發現自己做得到的事，
並且一定能更享受與孩子互動的樂趣。
同時我也深深地相信，
孩子們將會因此提高自我成就感。

接著就先來看看我們在日常生活中所見所聞的
「讓人有點擔心的孩子們」的實例吧！

「我們沒有說！」

期待已久的校外教學日終於到來。
同學們都坐上遊覽車，
級任導師坐在前座與導遊討論行程。
在到達目的地之前，
大夥兒唱唱歌、玩玩遊戲，
一起度過歡樂時光。
在車廂後半部，
有人開始交換座位。

「換一下座位！」
「為什麼？」
「你管我！快起來！」

「你先說理由才可以。」
「囉嗦，去死啦！」

您認為會這樣說話的孩子，
是男生？
還是女生？
任何小孩都有可能輕易將「去死」掛在嘴邊，
但也有無法像大家一樣將「去死」說出口的小孩。

☼

一位小孩這樣對家人說：
「我不想去上學！」
擔心的媽媽在仔細詢問後發現，
孩子遭到同學辱罵諸如

「白痴」、「囉唆」、「去死」等字眼。

隔天起，這位母親開始做一件事，
每天小孩放學回家，媽媽便會問他：
什麼時候被罵、被誰罵了哪些話，
詳細詢問，並一一記錄下來。

不到一個星期，
這位母親完全明白了。
「原來這種情況每天都發生，
這問題非解決不可。」

於是這位母親跑去學校，
在校長及級任導師的面前，
拿出一疊紀錄，說：
「我的小孩受人欺負了！

學校打算要繼續袖手旁觀嗎？」

老師馬上出面處理這件事。

在召開班會時，

老師這樣詢問班上的學童。

「大家閉上眼睛。

曾經對〇〇說過『去死』的人，

現在請舉手！」

只有一位孩子舉手。

「我們才不會說出那種話呢！」

面對著學生們認真的表情與口吻，

老師於是點了點頭，
然後向這位母親報告班會的情況。
不過當小孩聽完母親的轉述，
卻說了這樣一句話。

「大家都在說謊！」

出自惡意卻不自覺的孩子們

無論是校外教學中孩子們說的話，
還是在班會中學生的發言，
不管在哪一間小學，
這些都是日常可見的普遍情形。
令人疑惑的是，

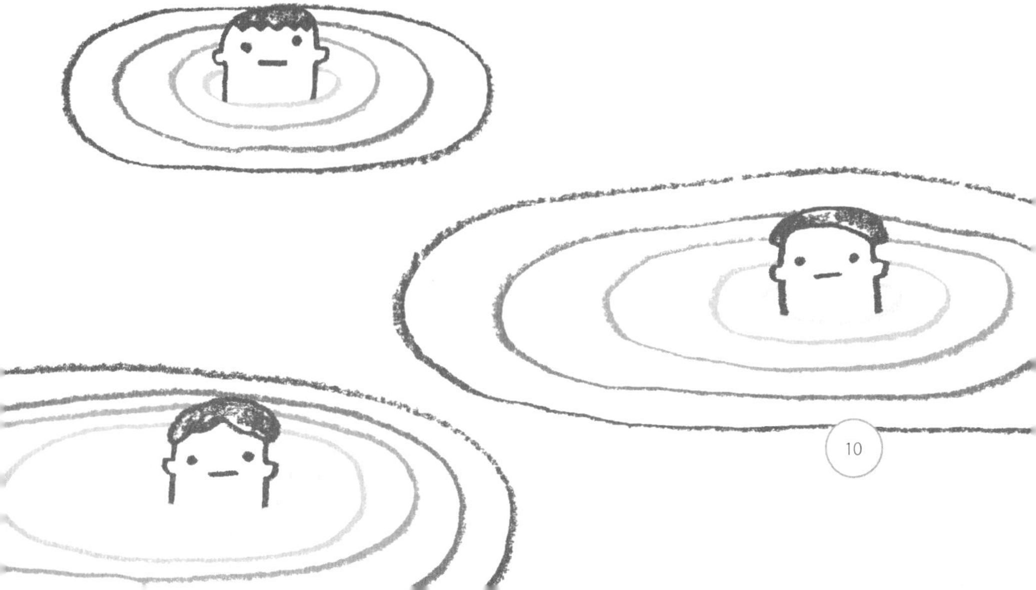

「我們沒有說出那種話！」
他們是真的這麼認為。
這是孩子們內心真實的一面。

「如果遇到年老或行動不便的人，
我們應該如何對待他們？」
「什麼樣的話會傷人？」
上生活與倫理課時，
老師提出這樣的主題，
請孩子們一起思考，
並且希望大家共同討論。

結果，
「我會考慮讓座。」
「我會幫忙拿行李。」

「如果被罵『滾一邊去』這樣的話，
會很傷心難過。」
「不可以罵別人『白痴！』『去死！』」
得到類似這樣的正確答案。
孩子們都能準確地回答，
因為大家都很清楚
應該如何做。

然而，在每天日常生活中，
無意間、不自覺地，
「去死」這句話就會脫口而出。
這就是現代孩子們實際的情況。

班上轉入一位來自其他國家的留學生，
他非常不習慣使用日語，
對於漢字和平假名，
既看不懂，也不會寫。
他的發音和語調，
也與大家不同。
就因為這樣，
所以常常被同學取笑。

每次一開口，就會遭嘲笑。
所以，他總是默默低著頭。
但是有一天，他終於忍不住了，
於是大聲喊出來：
「白痴！去死！」

簡短的詞句，容易說。
強悍的話語，可以當作武器。
因為如此，
最先使用的日語竟然是「白痴！」「去死！」……
這讓我不禁感到鼻酸。

互相傷害的朋友關係

下課時間和午休時間，
走廊上、校園裡，
孩子們活動好不熱鬧。

從走廊那端，
有一位活潑的孩子跑了過來。

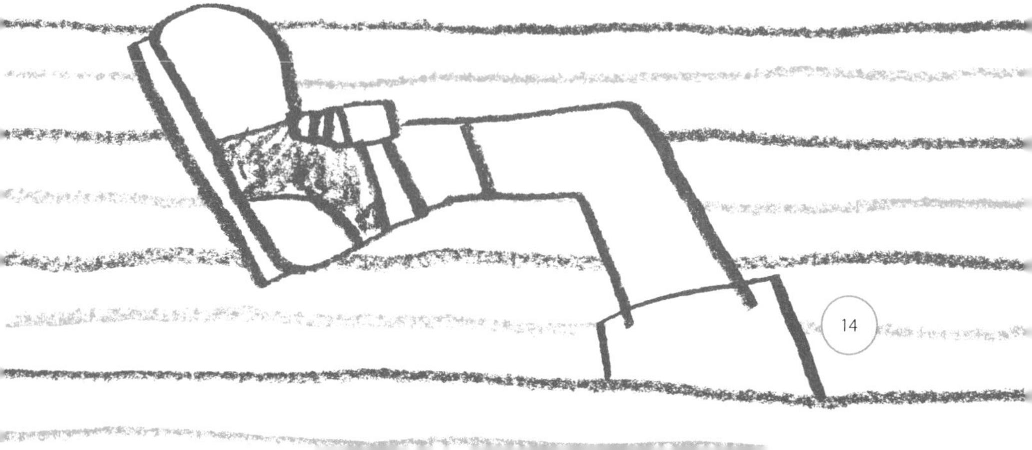

看來他是發現好朋友的背影了。
「嗨！」
一邊喊著，
一邊將右腳往後提，
準備奮力往前踢出。
踢！

「危險！」
抬離地板的腳，
在老師急忙阻止下停了下來。

「怎麼這麼危險！
你到底在做什麼？」
孩子愣住了。
「啊？沒什麼啊！」

「你剛才是不是打算踢人？」

「我才沒有！」

果然是打從心底這麼認為……

老師嘆了一口氣。

☼

在校園裡，玩躲避球相當受到孩子們喜愛。

「傳球！傳球！」

輕輕一丟就可以傳得到的距離，

拿著球的孩子點了點頭，

「接住！」

啊！丟這麼用力會不會出事？

還有一群孩子正在打棒球。

全壘打！
沒接到這顆球的孩子
對正在附近玩的小朋友說：
「拜託撿一下！」
「接著！」
手臂往後拉，擺出漂亮的投球姿勢，
但是，才不到兩公尺的距離，
要是這麼一投的話……

「危險！在做什麼呀！」

不懂得控制力道，
不懂得為對方著想。
這樣會不會吵起來呢？但是看著看著，
一轉眼，剛吵過架的孩子又玩在一起了。

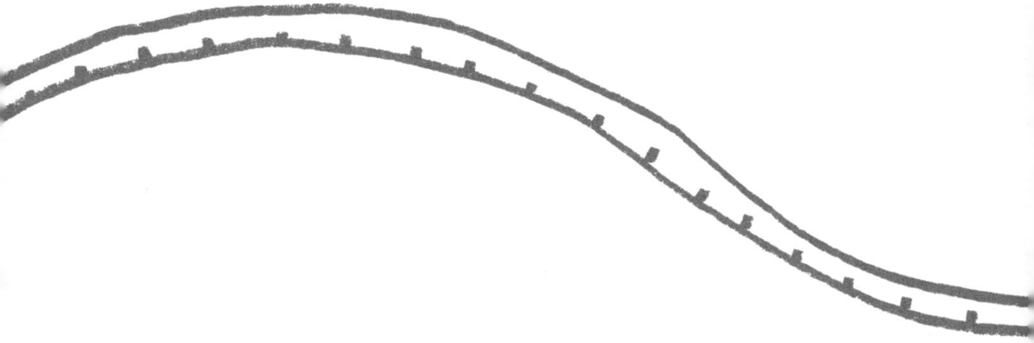

這是在玩嗎？
還是暴力呢？
常使得旁觀的老師心裡七上八下。
「你投球能不能投輕一點呢？」
老師也只能這樣提醒孩子了。

是選擇成為同夥？
還是選擇被排擠呢？

藉由踢、推、拍來代替打招呼。
開口就是「白痴！」「混蛋！」「去死！」
平日就得飽受這些傷害的孩子，
將要如何面對呢？

有兩種可能的發展。

一種是採取同一個調調。
「你在說什麼呀，白痴！」
「你才是白痴！」
藉由這樣的回話，
加入同一個團體中。
結果在言行舉止上，
越來越不像樣。

另一種是自我防禦。
「我退出好了。」
一個人獨自離開團體。
看到他這模樣，周圍的人又開始說閒話。
「什麼嘛，孤僻！」

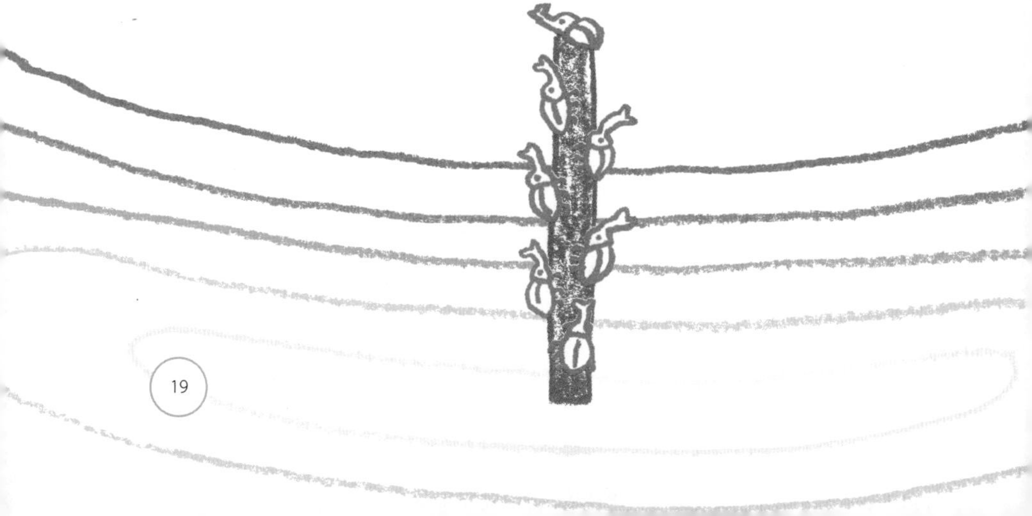

「白痴！」

老師發現後當然會給予提醒。
「他會不會是不喜歡『白痴』這句話呢？」

但是，說出這些話的孩子，
根本不自覺「傷害了對方」，
即使加以提醒，他也只是當作耳邊風罷了。

如果是像這樣的孩子，
縱使任何家長向他要求：
「向我們家的小孩道歉。」
應該也很難達成，因為他根本無自覺。
到最後只會成為一場
「有說」、「沒有說」的辯論，

至於遭辱罵的孩子，
反而更加覺得受傷。

「什麼嘛，這張照片。」
「大便！」
「哈哈哈！」
如果聽到如此的對話，
我會告訴他們：
「都已經五年級了，
『大便』這樣的字眼一點都不好笑！」
「那傢伙，真噁心！」
這時候我會提醒：

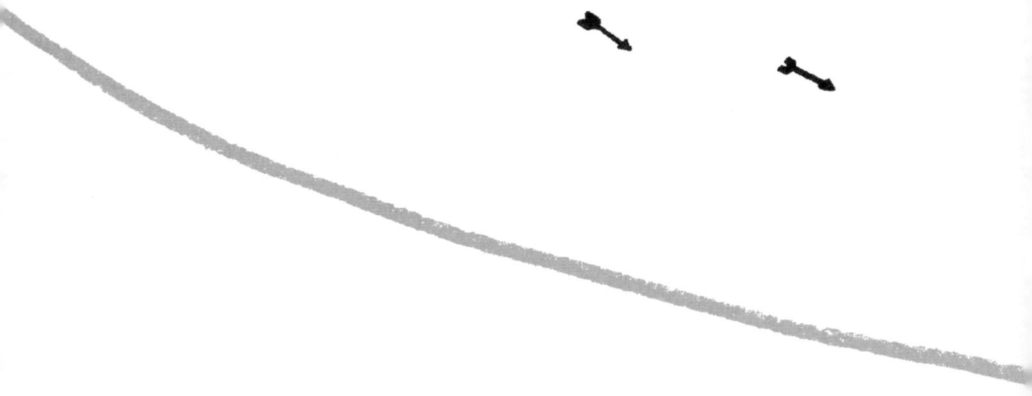

「你是宿醉了嗎？
所謂『噁心』，是因為不舒服才會感到噁心。
如果改說成『我不喜歡他』，
或是『真令人傷腦筋』，
你覺得如何呢？」

如果批評營養午餐「很難吃」，我便問：
「你不喜歡哪一道菜呢？
原來不喜歡豆類啊！
那將菜量減少一點好不好？」

用詞幼稚且樂此不疲，
濫用流行語，
常使用隻字片語，話不成句……
有時候，小孩會選擇使用簡單的字，

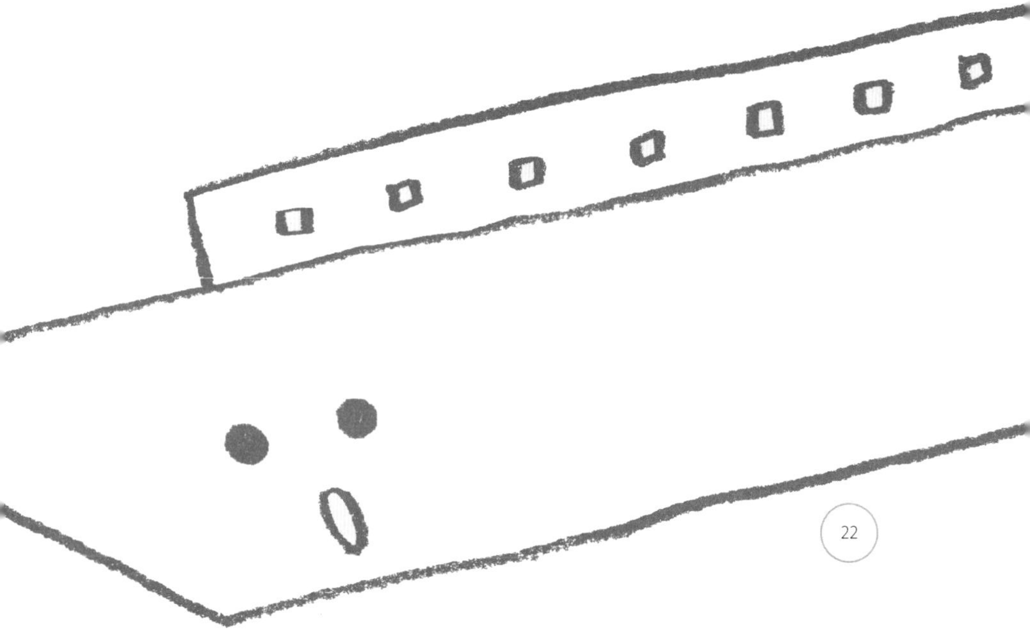

但是所表達出來的話，
就顯得貧乏且極端。

「在家裡不准說那種話！」
家長也可以訂定這樣的「禁用語家規」。
甚至規定「誰說了就要捏嘴巴」。
就連在學校，我們也不希望孩子用那些字眼。
或許小孩會有不得已非用不可的情況，
但至少不准在家裡說。
我們希望越來越多的家庭能這麼做。

家長是孩子語言能力的養成者

「慢吞吞地在搞什麼！」

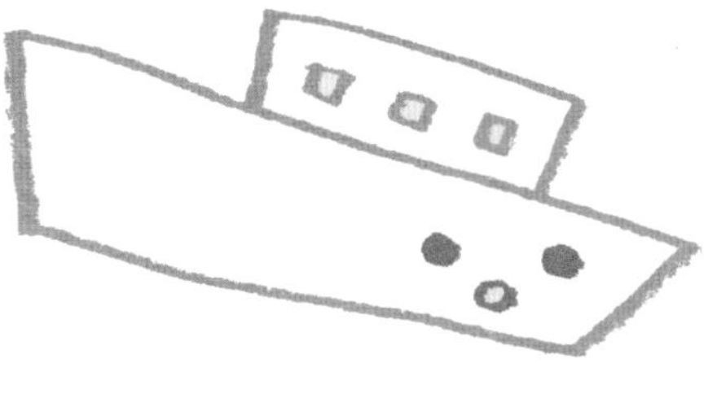

這是在超市裡常聽到的怒罵聲。
觀察一下，你會發現那罵聲來自幼兒的媽媽。
如果孩子哭了，
「到底要哭到什麼時候？不准哭！」

像這樣的孩子進入小學後，會變成什麼樣呢？
還是有兩種可能。

一種是變得說話和父母一樣的語氣。
「你說什麼啊？混蛋！」
像要與人吵架的口吻，馬上就發生問題，
所以總是交不到朋友。

另一種則是變得很沮喪。
「媽媽不喜歡我了！」

但如果告訴母親這種情況，
得到的回應卻是：
「會嗎？我對孩子一向很好呀！」

小孩比較敏感，
所以使用平穩的語調說話很重要。
如果想用強烈又簡單的一句話就解決問題，
孩子的語言能力無法成長。
若總是如此，孩子將不知該如何傳達自己動搖的情緒。

因為難以表達，乾脆閉上嘴巴，
問了也不回答。
即使回答了，也只是以單字答覆。
所以說，父母是孩子的語言能力養成者。

如何？
看了我舉的例子中這些小孩的情形，
您是否也為此感到擔心了呢？
我真正感到最憂心的是，
孩子們竟然輕易地使用「去死」這樣的字眼，
且完全不知道自己傷害他人有多深。
雖然說出這句話的孩子也並非惡意，
但他又得接受惡言的反擊。
使用這種相處模式的小孩，
可以說到處都見得到。
我認為，情況會變成這樣，
主要原因其實是出自家庭。
因為溝通的基礎、如何與人相處，
都是發端於家庭。
在家庭中有什麼形式的對話、

什麼類型的相處模式，
這些都是令人擔憂之處。
要不要再靠近一點看著孩子？
考不考慮更細心些與孩子相處？
想不想試著對孩子說話時稍微放慢些？
即使如今是難以持續的親子對話、
日漸疏離的親子關係，
只要您願意多花點工夫、多用些訣竅，
在看法、想法及與孩子的溝通方法上多留心，
一切都會朝著好的方向改變。
我們在「聽與說教室」的實踐中，
這些都已經得到證明。
試著執行看看吧！
您與孩子的相處時光將會變得更加愉快！

1章 ☼ 傾聽高手的訣竅

2章

成為說話高手的祕訣

3章 ☼ 就從父母開始做起

4章 ☼ 幫助孩子克服不擅長的項目

〈佐藤家〉

擅於溝通的家庭

奈緒

（小學一年級）
很喜歡動手做點心，是個性害羞的小女生。

幸子

兼職主婦。做事認真勤奮，偶爾會感到疲倦。

小宏

（小學二年級）
個性小心謹慎。

良夫

個性慢條斯理、認真負責。

小桃

寵物虎皮鸚鵡。

〈中野家〉

不擅於溝通的家庭

小南
（小學三年級）
個性倔強，常與同學起衝突。
美沙
兼職主婦。常誤會別人的意思，做事不太靈巧。
大地
（小學二年級）
運動健將。個性我行我素。
祐二
工作忙碌，幾乎很少在家。
小次郎
寵物狗。

1 章

傾聽高手的訣竅

重複孩子說的話

「你今天在學校怎麼樣啊？」

這是為人父母者常隨口詢問孩子的問題，但卻又總是得不到理想的回應。如果是真心期望聽孩子說話，希望和孩子講講話，平常就應該表現出「我正認真聽你說話」的態度，這樣的態度非常重要。

用心觀察孩子的言語、表情、動作，這就是所謂的「傾聽」。相信父母親最想了解的無非就是「孩子在學校的課業、交友關係是否順心」等問題了。但你可曾發現，自己一邊聽孩子說話，心裡卻氣急敗壞地想著：「不要跟我扯那些有的沒的，趕快告訴我結論吧！」果真如此，那就不是「傾聽」了。

在這種場合，我們常建議使用複述的說話技巧。只是再重複一次對方所說的話而已。大人總會認為「我該回答一些像樣的話！」然後忙著表達自己的意見。不妨先將這些行為通通改掉，試試看只重複孩子們說話的內容。

而且當你複述時，只需配合孩子的語氣就成了。如果孩子愉快地說話，你就開心地重複他的話；如果孩子說起話一臉無聊，你就以興致缺缺的語氣重複他說的話。孩子希望你聽到的是「我的心情」，所以請你試著配合孩子的口吻重複他說話的內容。只是這麼做而已，孩子就會覺得「我是受了解的」，隨後因此感到安心。這就是所謂「與孩子感同身受」（共感）的實際情況。

然後姑且不要急著下結論：「也就是說……這麼一回事。對吧？」因為太早下結論，對話就會提早結束。隨著話題開展可能會發現新的問題，千萬不要急著想「馬上處理」。當然，如果是人身安全的緊急狀態，那必須得火速解決，但若不是，何不以「我們一起來思考這個問題」製造延續下一次話題的機會呢？

重複同樣的話
媽媽妳知道什麼是神奇寶貝嗎？
嗯？神奇寶貝呀！
是神奇寶貝鑽石&珍珠版唷！
鑽石&珍珠版呀！
那個皮卡丘啊～
嗯，你是說皮卡丘呀！
沒想到只是重複孩子說話內容而已，竟然就使我們的對話這麼順暢。

配合語氣
回來啦！
今天怎麼樣啊？
不怎樣……
怒火中燒
怒火中燒
什麼叫不怎樣！！
氣
媽媽關心妳，妳卻……
耶？怎麼突然生氣了？
今天怎麼樣啊？
不怎樣……
不強求回答，而是——
今天不怎樣啊……
今天發生討厭的事。
原來是遇到討厭的事啦……
今天好開心噢！
今天很開心啊！
訣竅在於用同樣的語氣複述。

不急於下結論
今天發生不愉快的事。
這樣子噢，碰到討厭的事了呀……
……
遇到這種情況，先給彼此一段時間……
……
……
今天下課的時候啊……
下課時發生什麼事了嗎？
小武他……
我不曉得該怎麼辦。
不曉得怎麼辦呀！我們一起想辦法！
嗯！
重點在於以同理心傾聽孩子說話。
媽媽等一下幫你想個好點子，然後寫下來給你，好不好？
嗯!
所以不必急著給答案也OK。

總整理

☼ 重複話語

當孩子說：「〇〇啊……」就回答：「〇〇啊？」當孩子說：「但是▽▽啊……」就順著問：「但是▽▽？」請努力忍住別說：「那又怎麼樣呢？」試試看只要重複講一次孩子說的話，不知不覺間，孩子自然會主動說明：「所以啊，那就是……」

☼ 配合語氣

不要急著插嘴說：「不可能吧！」「如果換成這樣想呢？」試著只回答：「是……的啊！」如此一來，孩子會認為「有人了解我」，然後覺得自己受到包容而感到安心。

☼ 不急於下結論

「也就是說……，對吧？」如果急著提出結論，只會提早結束對話。如果孩子看起來還是十分迷惑，就對他說：「應該怎麼辦呢？等一下我們一起來想想看好不好？」為展開下次對話預作準備。

修飾孩子說的話後複述

如果一名小學生說起話來口若懸河、條理分明，相信那一定很罕見。因為小孩子說話時不是缺少主詞，要不就是順序顛三倒四，甚至有時候相當情緒化。

「說話如作文」，如果能達到這樣的說話方式那是最理想不過了。「今天，吃了。營養午餐，咖哩飯，很好吃。三碗。」我們作文時不會這麼寫吧？寫文章應該是：「今天營養午餐時，我吃了三碗很好吃的咖哩飯。」放上主詞，或在句中添加「的」等助詞，造出完整的語句。

先仔細聽完孩子說的話後，在腦中將話修飾成完整的語句，然後再試著將完整的語句複述給孩子聽。「今天，〇〇（孩子名）在營養午餐時吃了三碗很好吃的咖哩飯呀！」就像這樣，將修飾過的語句複述給孩子聽。

如此一來能獲得以下三個效果：①「媽媽能聽懂我這句話的意思。」可以讓小孩感到安心。②能當作孩子正確說話的示範。③使雙方對話得以延續下去。

如果催促孩子「把話說清楚」或「再講一次」，就如同在批評孩子「你的說話方式好差」，這樣只會造成反效果。那些不太會說話的小孩、只會使用單字的小孩，或語言能力發育較慢的小孩，當大人做出這樣的反應，小孩將會越來越討厭說話。如果父母為了將孩子說的話修飾成完整句子，就會更注意聽取孩子所要表達的內容，這麼一來，與孩子說話時的語氣也會顯得比較平穩。

還有，當孩子說出帶有情緒化的字眼或短促的話，在修飾他的話成完整語句時，請將這些字眼替代成適當的詞，然後複述給孩子聽。如果孩子說出「去死」的字眼，那是想表達「非常地懊悔」呢？還是「只是有點生氣」？如果說出「很好玩」，孩子想表達的是「還想多玩一點」呢？還是「已經足夠了」？若要豐富孩子們的感情，讓他們習慣做出適切的表達，應由父母選擇並轉換成適當的說話方式，以增加孩子的用字詞彙。

注意助詞運用
今天吃了很多！
營養午餐。
很好吃！
蘿蔔。
咖哩飯。
三碗。
洋介……
我聽不懂你在說什麼，把話講清楚！
瞪
驚嚇
嗯！這個……那個……
不是否定孩子說的話，而是——
今天吃了很多。
營養午餐。
很好吃哦！
咖哩飯！
還吃了蘿蔔。
三碗。
嗯！嗯！
今天的營養午餐是很好吃的咖哩飯啊？
連蘿蔔都吃光光，而且還吃了三碗哦？
藉這種複述的方式，讓孩子體會文章的正確使用法。
對啊！
你很棒哦

明確主詞與述語
今天
吵架了……
你和別人吵架啦？
不是我，是裕樹啦！
哦～是裕樹啊！是裕樹和你吵架了嗎？
不是啦！是和健次！
原來是今天裕樹和健次吵架了啊！
對啊，吵得很厲害呢！然後啊……
將說話內容全聽完後——
今天在上美勞課時，裕樹和健次兩人，
因為對剪刀使用方法意見不同，所以吵了起來。
對！
整理說話的內容。

將簡短的話
轉換說法
高橋很噁心！
妳不太喜歡他呀！
誰叫他老是把頭髮弄得很噁心。
原來妳不喜歡他的髮型呀！
不是不喜歡，是真的超噁心！
哦——他是很有個性的人唷！
反覆以這種方式讓孩子學會使用表達情緒的用詞。
與其說是有個性……
嗯！嗯！
別忘了與孩子共同感受。

總整理

☼ 使用助詞

助詞是指如「很好吃的咖哩飯」句中的「的」字，助詞是一種虛詞，不單獨使用。如在形容詞「很好吃」與名詞「咖哩飯」之間加「的」字連結，有助於修飾成完整的句子，更接近「說話如作文」。

☼ 分清楚主詞與述語

小孩子說話常省略主詞。此時，我們可以說：「○○剛剛在用剪刀對不對？然後□□將剪刀拿走了嗎？」將主詞與述語分清楚，然後複述一次給孩子聽。這麼一來，很自然地修飾了語句，同時也可以確認孩子說話的內容。

☼ 將簡短的話轉換說法

若出現「可惡」、「吵死了」、「噁心」、「超」、「去死」等簡短的句子時，父母可以轉換成「很生氣哦」、「好討厭哦」、「那不是你喜歡的呀」、「很……哦」、「希望他不要再這樣了」之類的語句，讓孩子增加表達感情用語的質與量。

以採訪方式對話

希望孩子能說點話，希望聽聽孩子的想法，但孩子卻始終不開口，如果問了孩子還會生氣……這種情況建議你使用採訪的方式來幫助溝通。

舉例來說，在運動會或學藝表演等特殊活動結束後，你不妨模仿記者「英雄採訪」的說話方式作為開場：「我現在為大家採訪的是目前活躍於接力賽跑的○○選手！請問你可以跟我們談談今天跑完全程的感想嗎？」類似這樣的說法。如果得到的只是「很累！」這樣的回應，你就接著問：「很累！好的。那麼為了這次參賽，相信你花很多時間練習吧？」就如同這樣，將孩子說的話重複說一次，然後緊接著下一個話題。

即使父母無法親自參與孩子的表演活動，也可以試著使用這種採訪的方式。如果雙親中有一位參與，父母可以事先互相溝通，了解當時情況後以便採訪。此外，向參與的其他家長打聽以收集訊息，也是得知當時情況的好方法。「據了解，今天的發表會上，你的表現相當出色！」「聽說今天在游泳大會上你的成績相當傑出！」以這種方式切入，較不會引起孩子負面的情緒。「請問你最希望讓家人看到的是哪方面的表現？」藉由這類問法來尋求孩子們提出看法和意見，並打開孩子們的話匣子。

這麼一來，即使是提到孩子不喜歡的話題，或是會引起孩子不滿的話題，若是透過採訪方式，或許就能迎刃而解。「請問如果是你，你將會如何處理這樣的情況？」「如果有這樣一件事，請問你的看法如何？」運用假設法來聽取孩子的意見。傾聽高手的高明之處在於懂得如何讓對方想開口說話。所以，就算孩子的回應可能你並不以為然，但也接受他的說辭而不必急著糾正，因為孩子其實很清楚自己的對錯。

重複孩子說的話，修飾孩子說出來的片語成為完整語句後複述，有時藉由採訪方式聽取孩子的意見。只要這麼做，孩子便會認為：「媽媽都有認真聽我說話，下次我還要再找媽媽（爸爸）聊天。」

英雄採訪
一年一度的運動會
哇！哇！
鼓掌鼓掌
喔
這位是今天表現傑出的小宏！
嘿嘿
以往常問的話題用英雄採訪方式
我可是下了很大的工夫練習喔！
假裝是麥克風
今天你的表現實在是太傑出了！
接受英雄採訪感覺真好！
冠軍
請問明年的目標……
而且得到老師誇獎呢……
這次還打破了以往的紀錄唷！

收集
相關訊息
父母無法親身參與學校活動時——
我回來了！
回來啦！
請用一句話告訴我們妳對今天的學藝表演感想如何！
嗯～
和練習的時候一樣啊，很成功。
請問妳當時的感受如何？
很緊張，
不過也很開心哦！而且整個感覺真的很棒。
哦！果然是高手！！
如果爸爸也能在場，最希望讓爸爸看到的是……
衣服！
對了，現在再穿一次給你看看好了！
再一張！
耶！

接受孩子的說辭
小南又忘了帶東西……
唉～
好，以採訪方式來問問看……
今天絕對不生氣。
我回來了！
現在我們要對小南妹妹突擊採訪！
什麼？什麼？
請問小南的班上是不是有很多人常忘記帶東西？
我可沒有常忘記帶東西！
那麼，有哪些人常常忘記帶東西呢？
拓哉、綾香，還有……
對了，小南這本作業忘了帶去上學。關於這件事，請問妳個人有什麼看法呢？
嗯……我以為我已經帶去學校了……
原來是以為已經帶去學校，那就沒辦法了。
呼～
不動怒也可以達到提醒的效果。

總整理

英雄採訪

父母扮演記者，將孩子當英雄來採訪。「據說你的表現相當傑出！」「據了解你這次全力以赴！」以此當作開場白，配合鼓掌、歡呼等，孩子更能置身當英雄的氛圍中。藉此機會讓孩子維持好心情。

收集相關訊息

向其他知情的人打聽以收集訊息，了解當時情況，再進行採訪。「聽說你今天的表現相當出色！」「據說你的成績很棒！」如此引起話題，接著還可以問「這次最希望讓家人看到的是哪方面？」來聽取孩子的意見。

接受孩子的說法

持續採訪的祕訣在於採訪者是否能客觀且冷靜地聽取回應。有時你聽了可能會生氣地想：「這樣說不對嘛！」但請你堅持忍耐，試著換個角度想：「這樣的說法也可以啦！」並且能接受。不必指責孩子，他也會知道自己的對錯。

注意附和時配合適當表情

「附和」是看似簡單其實出乎意料困難的事。「噢！（厲害！）」這樣佩服的附和，相較於「噢……（那又如何？）」這般毫不關心的附和，給人的印象完全不同。

父母忙得不可開交時，可能不小心就以「是哦！」顯得冷淡無趣地附和。聽到孩子每次都重複同樣的話題，也可能隨口以「好啦！好啦！」敷衍應付。為了家事及工作忙得團團轉的媽媽，出現上述的情況雖然情有可原，但如果孩子認為「都不聽我說，算了啦！」很有可能就因此拒絕與你對話了。

此外，附和時請說「噢！」「好厲害哦！」「哇！」「真的唷！」「果然好棒！」等肯定的話語，同時配合非常驚訝、佩服的表情。

相反地，不好的附和，如「噢……」「好啦！好啦！」「不錯嘛！」「知道了！知道了！」等簡短且冷淡地迅速回答，或是「啊？」「那又怎樣？」「騙人！」等懷疑對方的語氣，則是否定性質的附和。

特別是大人很容易脫口說出「騙人！」這一句話，由於這句話聽起來會令人感覺你並不相信對方說的話，所以建議改用「真的唷！」。此外，小孩子也常會說「騙人！」，這時父母也可以適當給予糾正成「是不是真的呢！」。

如果不小心做出不適切的附和時，可以接著以佩服的表情說：「原來如此啊！」例如：「噢……哦！原來如此啊！」

接下來，當你附和時要留意的不只是話語而已，同時也要注意配合表情。因為孩子常會「從聲音判斷」（參見第八十四頁）。你不妨嘗試看看，帶著僵硬的表情說：「很厲害。」是否發現連語調語氣也隨著變得僵硬了呢？這樣完全聽不出是出自真心感到佩服吧！所以請記得面帶開朗的表情附和孩子說的話。

肯定回應
是好的附和
媽媽
妳看——
考試成績
拿到80
分耶～
80分！
好厲——
害哦！
啪啪啪……
嘿嘿嘿！
當然是要在
合理範圍內
哦！
要是累過
頭了，當
然笑不出
來呀！
好的附和會配合
適當的表情。
哇！
噢！
好厲——
害哦！
嗯！
嗯！

冷漠回應是不好的附和
媽媽，下禮拜……
噢……
你看這個……
啊？不錯嘛！
考試成績拿到80分哦！
很好啊！
得趕快煮飯
我在生氣耶！
好！好！
我知道了！
喂——
……
……
到底有沒有在聽我說啊……
……
……
什麼嘛！
這些孩子是怎麼搞的……
導致對話結束的附和就是不好的附和。
其實，附和並不容易，但至少也應該做到複述。
拿到80分耶！
拿到80分啦！

「騙人！」
不如
「真的唷！」
今天老師在午餐時間之前跑回家去了！
哪有可能！
啊——騙人！
我才沒有騙人！
好過分！
好啦！好啦！
否定回應。「騙人」是
今天，老師在午餐時間之前跑回家去了。
哎呀！真的唷！
到底怎麼了呢？
那個啊……
嗯！嗯！
「真的唷」是肯定回應。

總整理

肯定回應是好的附和

「噢！」「好厲害哦！」「哇！」「真的唷！」「果然好棒！」等附和語，表示「聽你這麼一說，我覺得很佩服」，讓人有肯定的印象。加上驚訝或佩服的表情，效果更佳。

冷淡回應是不好的附和

「噢……」「好啦！好啦！」「不錯嘛！」「知道了！知道了！」等既簡短又冷淡地迅速回答，以及「啊？」「那又怎樣？」等附和語，含有否定的意味。如果不小心使用了，至少要記得再補上一句「原來如此啊！」來修正。

「騙人！」不如「真的唷！」

「騙人」是大人常掛在嘴邊的一句附和語，然而這句話會令對方感覺他所說的不受信任，所以建議使用「真的唷！」較好。此外，附和時要留意的不只是口頭用語，別忘了同時要注意配合適當表情。

發現孩子的優點

如果能做到重複孩子說的話、修飾孩子說的話成為完整語句後複述、有時藉由採訪方式聽取孩子的意見、注意附和時的用語及表情等事項，的確就能成為傾聽高手。但是如果要更加成功，最重要的是能讓孩子出自內心「想說話」。現實中，常有孩子一開口就被糾正、受輕視……為什麼為人父母總是會對孩子說的話有意見，或是否定孩子的想法呢？

其實這是因為「父母對孩子求好心切」的緣故。所以常常會想，自己的孩子「如果能修正這部分是不是更完美？」「如果再加強這點……」。但是父母這樣的想法會成為與孩子溝通時的障礙。

讓我們一起發現孩子們的優點。比方說，一對父母認為「我們家小孩總是靜不下來」、「很容易分心」，但是其他父母卻反而會讚美說：「真是好奇心旺盛的孩子」、「非常積極的小孩」。或是父母認為自己的孩子「太文靜」、「個性消極」，然而在別人看來卻是「處事慎重」、「做事細心」。因此觀察自己的孩子處在一群小朋友之中的行為，父母將會更容易發現自己孩子的優點。

常常和其他小朋友發生衝突的孩子也相同。建議父母積極參加學校所舉辦的家長日及教學參觀日。不論孩子如何調皮、常製造麻煩，所有的家長也不會指著你的孩子說：「你家孩子真的很糟。」相反地，你還可能聽到：「別這麼想，這孩子很有繪畫天分呢！」「還好有○○在……」等意想不到的讚美。父母親因此能知道孩子的另一面，這是多麼幸福啊！

觀察發現其他孩子的優點也是十分重要的事。雖然小朋友們之間有吵架的時候，但也有互助合作的時候。如果了解這樣的情況，可以試著對孩子的朋友說：「□□對不起，我們家○○每次都和你吵架。謝謝你這次幫我的忙。」「謝謝你經常陪○○玩。」還可以向其他家長說：「你們家的□□這樣做真的很棒！」如此一來，你將會得到對方「你們家○○也很棒啊！」這樣的回應，使你更能多方了解自己的孩子。

從團體生活觀察
我們家小宏……雖然是樸實的孩子，
但是太過文靜，缺乏積極，真的很令人擔心……
我嗎？
教學參觀日
做好了！
認真
……
……
哎呀
到底行不行啊……
小宏還沒做好嗎？
我也做好了！
誰啊？
老師你看！
……
15分鐘後
做好了！
哇！好酷哦!!
做得非常認真哦！
好仔細——
沒想到那孩子還有這樣的一面！

觀察其他的孩子
那孩子不就是小健嗎……
他好像常和我們家大地吵架，偏偏大地又總是……
都是那傢伙先動手的！
稍微觀察一下……
偷偷地
5分鐘後
耶！
嗯——
真的是如此嗎？
感情蠻好的嘛！
也蠻互相合作嘛！
咦？怎麼突然吵起來了！
啪！
砰！
原來如此！只是偶爾會和小健吵鬧而已。
哈哈
果然還是孩子呀！
小健，對不起！我們家大地每次都和你吵吵鬧鬧。
是大地的媽媽……
剛才看到你們玩得那麼開心，我好高興哦！
以後還要常跟大地玩哦！

參加集會
不喜歡參加家長日……
怎麼還不快點結束！
我聽我們家孩子說，之前的足球比賽都是因為你們家大地表現優異，所以才會贏……
我們家大地做了什麼事嗎？
對不起！對不起！
您是大地的媽媽嗎？
啊！是啊！
我們家孩子也說大地真的很厲害……
聽說光他一人就拿到三分呢！
好厲害喲！
啊?
雖說我們家孩子平常粗手粗腳的……
不過運動神經真的很發達！
大地的媽媽好開心！
好羨慕啊！
哪裡哪裡
感動
家長日有時能聽到一些令人感到意外的話。

總整理

從團體生活觀察

觀察自己的孩子處在眾多小朋友之中的行為，你會發現自己孩子更多的優點，對於親子溝通也極有幫助。「靜不下來」、「容易分心」等，可能被他人視為「好奇心旺盛且態度積極」；「太過文靜」、「消極處事」，則可能被視為是「細心慎重」。

也觀察其他小朋友

不只觀察自己的孩子，同時也試著發現其他小朋友的優點。孩子的朋友真的很容易與別人吵架嗎？他們沒有快樂地一起玩嗎？協調性又是如何呢？當父母有「並非一向都是如此」的看法後，孩子的眼光自然也就會隨著改變。

參加集會

參加家長日，可能會聽見意想不到的讚美，因而得知原先所忽略孩子的另一面。特別是因為「我們家小孩總是給別人添麻煩」而想逃避出席的家長，為了改變你對孩子的看法，更應該積極參加。

NG溝通法　否定的傾聽方式

以下介紹父母在和孩子說話時容易犯的NG應對例子。

✗盤問

希望一次聽到許多答覆，想知道得更詳細，由於父母親一廂情願，可能會造成逼問孩子的情形。

「那是怎麼一回事？」「這是怎樣？」如此一而再、再而三地提出質問。孩子回答得稍微含糊些，父母馬上盯著問：「給我說清楚！」像這種方式我們不認為是「傾聽」，而是一種「偵訊」。這其實是在盤問。

✗懷疑

對孩子的事老是操之過急，再加上最近發生一些狀況，於是父母如果問不出個所以然，得不到想要的答案，就絕不罷休的情形。

當父母認為「絕對不可能」時，無論孩子如何說「是真的！」，因為父母一開始就抱有疑心，於是永遠得不到滿意的答案。不知不覺間，親子對話過程中父母發言占八成，小孩發言僅剩兩成。與其說是親子對話，不如說是在調查辦案。

✗ 一問一答

孩子一開口馬上就遭父母否定，因此不願再說話，接下來與其說是親子對話，不如說是進行問答活動的情形。

「和誰？」「小喜。」「什麼時候？」「今天。」「然後呢？」「一起玩呀！」結果無論是孩子還是父母，說的話都不成句子，所以對話內容零零落落。這種一問一答的方式，不能稱作對話。

✗ 妄下結論

這是指父母親耐不住性子傾聽就先下結論的情形。「我就說吧！」「所以你聽我說」，接下來所發生的全是「如我預料的」。像這樣妄下結論，會形成孩子所說的話全都被否定的糟糕結果。父母應試著從各種角度來看，並讓孩子提出結論。

NG
溝通
你回來啦……
今天在學校怎樣啊？
那個……
NG 1
盤問
說什麼那個！
有沒有和小朋友相親相愛？
有沒有忘記帶東西？
有沒有聽老師的話？
那個
那個
沒有什麼……
嘮嘮叨叨
NG 2
調查偵訊
怎麼可能沒有！
給我老實說！
好、好啦！其實……
那個
NG 3
一問一答
什麼？吵架？和誰？
那個……
早知道就不說！
又不是什麼大不了的事！

幾天後
最近小南……一定是和同學相處得不愉快……
真的沒事啦！
NG 4
妄下結論
回來了～
無精打采！
八成又和同學吵架了。
沒有食欲……
吃不下了！
沒有食欲！
該不會是被欺負了吧？
肚子痛……
痛
肚子痛！
肯定是受到欺負了！
媽媽怎麼怪怪的……是我做錯什麼事了嗎？
驚嚇
啊——我們家孩子被人欺負了！
那個……藥……

總整理

☼ 不盤問

父母若以非追問到底不可的態度對話，孩子將會不願意再開口。請不要忘記「傾聽」是很重要的事。

☼ 不懷疑

即使父母無法認同孩子的回答，也不要抱著懷疑的態度說「不可能！」。

☼ 不要一問一答

記得重複孩子說的話，而不是一味地要孩子回答你的詢問。

☼ 不妄下結論

事先從各種角度思考後，自然就不會以先入為主的觀念影響孩子的意見。

2章

成為說話高手的祕訣

慢慢地說，完整地說

「注意！」「不要弄亂了！」「給我仔細聽好！」

當父母催促孩子或希望孩子聽話時，常常會不經意地說出這樣的話。但是相信被唸的孩子心裡應該很不是滋味吧！因為別人無須刻意說這些話，自己就會小心，行動也不是因為唯恐天下不亂而做，當然自己也打算認真地聽話。

說話的方式有正面的說法，也有負面的說法。對正在將果汁倒入杯子的小孩說：「不要倒出來啦！」是負面的說法，如果說：「要一點一點地將果汁倒進去哦！」是正面的說法。

負面說法的語句短、語氣強烈且說話速度較快。如：「不行不行！」「不要慢吞吞的！」「不准跑！」等，以禁止的說法居多。相對地，正面說法通常是較完整的句子，慢慢地說且用詞文雅，如：「來！我們這麼做吧！」同時還能具體促成孩子行動。

如果是遇到事關安危的緊急狀況，或是說什麼也不能讓步時，父母可以對孩子發出禁止令說：「不！」但若不是特殊狀況，建議父母先試著考慮「我該如何表達」。這麼一來，令人不可思議地，父母責罵小孩的次數就會大幅減少。因為當父母在思考該如何表達時，小孩早已離開……於是父母責罵小孩的次數自然會減少！

此外，為了讓孩子接受父母的意見，如何建立溝通的基礎也十分重要。馬上能運用的就是由父母先愉快地談論自己當天所發生的事，最好是盡量談及父母本身的失敗經驗。否則如果「爸爸全都會」，可能導致孩子自暴自棄地認為「只有我不會」，形成反效果。孩子會以父母的說話形式當作範本，由此領悟到「如果用這樣的方式說話會很有趣」。如果孩子開始談論起「今天我也碰到這樣的一件事……」，那就正如父母所願了。此時就讓我們仔細傾聽孩子們想說的話吧！

注意使用正面說話方式
還有做不完的家事……覺得肝火大……
最近工作忙碌……
呼～
醬油要慢慢地倒哦！
好！
啊！不要把醬油倒出來了！
吼！
…
正面說法較容易正確傳達意思。
原來如此
下定決心
不再發飆
把地板擦乾淨吧！
好！
啊！不要弄髒了！
…

先考慮好再說
喏，上回考試的試卷！
啊！
竟然3張都不到50分！
暈倒！
但是如果開口訓話，他又會不高興……
嗯——
該如何說才好呢……
啊
糟糕
那我要出去玩了哦～
溜了……
算了，下次有機會再……
來擬作戰計畫
先想好「該如何說」也挺不錯的嘛！看來能大大減少罵人的場面。
建議常常容易動怒的媽媽善加利用。

敘說當天發生的事
最近小宏不太談有關自己的事……
有了！
小宏，跟你說……
媽媽今天上班時糗大了！
是喔……
和別人約好東西要在一點送到，竟然忘記了……
結果呢？
當然被罵得好慘啊！好憂鬱唷……
媽媽妳好遜！
哈哈哈
對了，今天我啊……
耶！成功囉！

總整理

注意使用正面說話方式

正面說話方式是指盡量使用成文的句子，並且慢慢地、文雅地說。比如告訴孩子：「來，我們試試看這樣做！」能具體地促成孩子完成應做的事。避免採用句子簡短且語氣強烈的快速說話方式，特別要注意絕不可使用負面說話方式。

先考慮好再說

除非是遇到事關安危的緊急狀況，或是說什麼也不能讓步的情形，否則父母請先試著思考：「該如何說比較好呢？」之後再和孩子說話。如果經過考慮，使用正面說話方式以及成文的句子，說的話自然顯得文雅，責罵的話也會減少。

談論當天所發生的事

父母愉快地談論當天發生的事能成為親子對話的基礎，尤其是大談父母自己的失敗經驗。小孩自然會領悟：「這樣的說話方式很有趣。」但有時想鼓勵孩子的話聽起來像在自我炫耀，這點要注意。

改變語氣

在日本，從前為人父母者總是不忍苛責，「如果該責備的事有十項，只說前面三項，其餘七項忍住不說」。但隨著生活步調日漸緊迫，這種戒律也就越來越難以做到。不過我們至少可以試著改變說話的語氣。只要改變這一點，就能給人不同的印象。

比方說，早上要叫醒賴床的孩子時，父母有兩種選擇：以責備的口吻大吼：「到底是要給我睡到幾點啊！」或是語氣愉悅地喊：「起床的時間到囉！」兩者給人的印象完全不同。

同樣在催促孩子行動，「快起床！」的語氣就顯得強烈，且說話速度較快，還不如使用愉悅的語氣說：「起床時間到囉！還要睡到什麼時候呀？」這樣的話聽起來比較悅耳，不是嗎？

此外，「早──安！」、「時間、到囉～」等試著加上節奏感的用語也是好方法。雖然可能會被孩子取笑：「媽媽好奇怪哦！」但不要因此而感到畏怯，試著挑戰看看吧！

也有人建議「以歌唱方式和孩子說話」。如果像唱歌一樣說話，音調自然會升高，並且顯得愉快。因為以這樣的語調及慢慢的說話方式，較能讓人容易入耳。試著加上節奏說說看「早、安～」吧！

特別是在呼喚小孩的名字時，「小浩～♪」，就如唱歌一樣加點旋律看看。如果是以強烈的語氣喊「小浩！」，即使父母並不帶有責備的意思，孩子還是會覺得「在罵我」，因此不願用心聆聽。小孩若不願敞開心胸，無論父母費多少心血去說服，仍舊無法將話語傳達到孩子的心中。

改變語氣後，孩子也會擁有較好的心情。但這只是為了成為傾聽高手的一種努力，真正能讓孩子維持好心情的，不用說當然還是必須「早睡早起加上吃早餐」，調整孩子的作息規律，才是最重要的。

以愉悅的
口吻催促
喂——你們
以為現在是
幾點啊～
碎碎唸
嚇
到底要睡
到什麼時
候！
快給我起床！
用力掀！
要訣是在催促時
以愉快的語氣說
話。
抱歉！
開飯
吧！
一大早
就搞砸
了！
啊！
糟糕！
對呀
……
一大早的
吵死了！

說話帶節奏
該起床囉！要睡到什麼時候呀～
早安唷～該起床囉～
起床時間到囉～
看我的！
配上「美好的一天」旋律打開序幕
呵！呵！
乖～來吃早餐吧～
我起床了～
早安～

如唱歌般
呼喚
大地！
去拿盤子來！
喔～好吧！
小南
趕快換衣服！
好啦～
再等一下。
沒時間了
同樣是呼喚——
佐藤宏小弟弟～♪
幫媽媽拿盤子來好嗎？
好！
佐藤奈緒小妹妹～♪
趕快換好衣服，準備要出門囉！
好～
採取能讓孩子愉快回應的呼喚方式

總整理

催促時用愉悅的語氣

改變一下語氣，就能給人不同的印象。以強烈的語氣很快地說：「快給我起床！」或是以開朗的聲音慢慢地說：「時間到了！趕快起來囉～」雖然同樣在催促孩子動作快一點，但兩者聽起來的感覺卻完全不同。

說話加上節奏感

「早——安！」「時間、到囉～」等帶有節奏感的說話方式不錯。或是如唱歌一樣說話，由於語調自然會升高，且顯得愉快，孩子較容易聽入耳。試著有節奏感地說「早、安～」吧！

如唱歌般呼喚

呼喚孩子的名字時，試試看像唱歌一樣呼喚：「小浩～♪」。父母改變說話的語調，可以讓孩子擁有好心情。

明朗的聲音發自笑臉

孩子們常會藉由聽父母說話的聲音來判斷當時情況，聽說話的語調便能知道：「媽媽心情很好哦！」或是「爸爸在生氣了！」其實光是看到爸媽的臉部表情也能感受到「又要被唸了」。大人也是一樣，是否有被公司主管喊「〇〇先生！」時，一轉身看馬上發現「啊！糟了！」的經驗呢？說話聲調會隨著表情而改變，給人的印象也會不同。

實在非常生氣，但又必須使用正面說話方式時（參見第七十二頁），如果此時面帶僵硬的表情說：「要慢慢地倒果汁哦！」一切的努力也將因為表情僵硬而效果減半。因為聽得進去的悅耳聲音是發自愉快的表情。

笑一個吧！你馬上能做得到。試試看，只要將嘴角向上一揚，就可以呈現出笑臉。接著再試試抬頭挺胸，你會發現表情變得更加開朗，說出來的話也隨著改變了。

建議你練習張大嘴巴，也有助於露出笑容。因為如此會牽動表情肌肉，連眼睛也會帶著笑意。不妨試試看劇團演員在練習發聲時常用的方法，站在鏡子前說出「A—E—I—O—U～」。

也可以試試看幫助放鬆臉部的表情肌肉並促進口部周邊活動的按摩法（參見第八十八頁）。

①兩手放在臉頰上，輕按並發聲。

②手掌在臉頰上正向按摩四圈，然後再逆向按摩四圈。

③放在頰上的雙掌分別朝上下不同方向滑動。

④雙手按著臉頰，讓嘴巴縱向張開並發聲。

⑤雙手放開，嘴巴往上下左右張開並發聲。

⑥環形按摩耳朵後方的穴道。

因為此項按摩法也包含促進口部周邊活動的「口部體操」，建議可以先由媽媽為孩子進行臉部按摩，然後再由小孩幫媽媽進行臉部按摩。

展現笑臉
覺得好像忘記該怎麼笑了……
最近常對孩子發脾氣……
哎
只要嘴角稍微上揚，即使其他部位維持原狀，也可以展現出迷人笑容！
你好！
像您這樣的女士，建議您運用速食店的「專業笑容」！
這個簡單！
只要嘴角稍微上揚!?
請問你是哪位呀？
喂！
祝您順利！
嗯！好像心情不錯哦！
咦？
媽媽在微笑耶！
大地、小南，吃飯囉～

發聲練習
雖然已經注意要嘴角上揚，但……
覺得好像笑得假了點……
那就來試試劇團演員的發聲練習法吧！
A—E—
I—O—U～
張大嘴巴，眼睛也會隨著活動哦！
發聲練習……
等四下無人時再來練練看……
奇怪，那人到底是誰呀？
吃飯囉！
啊！今天看來也是好心情！
太棒了！太棒了！

藉按摩
放鬆表情
為臉部按摩，對於露出笑容很有效果哦！
真的呀！先把手掌放在臉頰……
對養顏美容也不錯。
我不認識你，不過謝謝你。
1 輕按臉頰並發聲。
ㄛ
ㄨ
2 手放在臉頰上，輕輕正向按摩四圈，再逆向按摩四圈。
轉
轉
3 頰上的雙掌分別朝上下不同方向滑動。
4 雙手按住臉頰，嘴巴縱向張開並發聲。
ㄛ
ㄨ
5 放開手，嘴巴往上下左右張開並發聲。
啊
6 輕輕地環形按摩耳朵後方穴道。
媽媽妳在做什麼？
啊！妳要不要和媽媽一起做？
嗯！

總整理

展現笑臉

孩子常常會聽父母說話的聲音來判斷當時情況。只需要嘴角輕輕往上揚，就可以呈現笑容。再加上抬頭挺胸，表情會顯得更加開朗，說話的感覺也會隨著有所改變。

發聲練習

可以試試劇團演員練習發音的方法，站在鏡前說出「A－E－I－O－U～」，這項訓練對於露出笑容也極有幫助。嘴巴張大，活動臉部表情肌肉，如此一來連雙眼也會流露笑意。親身體驗看看，只需張開嘴巴，就能改變你的表情。

藉按摩放鬆表情

臉部按摩有助於表情放鬆。它能促進口部周邊活動，因此建議和孩子一起做。親子可以面對面將雙手手掌放在對方臉頰上，邊進行邊說：「嘴巴體操，嗚～」、「圈圈、圈圈、畫圈圈」、「扮鬼臉哦～」，如此邊說邊玩也很有趣哦！

在時機和場合下工夫

大人就算覺得「今天的氣氛好像不一樣」，還是能面帶笑容與人交談。但是小孩就難以做到這點，如果他的心情不好，便無法達到「可以說話」的狀態。

有一種思想方式稱為「身口意一致」，意思是指人的身體（身）、說的話（口）及心情（意）三者的狀態相同。當你要和孩子說話之前，先觀察孩子，看他如何脫下鞋子？衣服有沒有弄髒？臉色如何？……這樣子觀察後，一定會有所感覺。如果父母看也不看孩子的狀況，劈頭就問：「今天在學校裡怎麼樣啊？」很可能既得不到孩子的好臉色，甚至連問話也不願意回呢！

父母試著在說話的時機和場合下工夫吧！比方說，當孩子放學回家時準備好小點心，在詢問「今天怎麼樣啊？」之前，先告訴孩子：「洗一洗手吧，我們來吃點心。」如果孩子看起來無精打采，也不要急著馬上探問。即使沒有特別重要的事要說，一起吃喝並聊天，製造讓孩子可以隨意談話的時間，也很重要。

和小孩一起做點心也是好方法。因為一邊動手一邊聊天，會比只是面對面談話來得輕鬆且容易。媽媽可以在準備材料或烘烤時若無其事地問：「最近在學校怎麼樣啊？」如果孩子回答：「不怎麼樣！」不必繼續追問，等待下次有好時機再開口。此外，也可以在收到賀禮或包裏時拜託孩子打開，然後趁著孩子動手拆時順便引起話題。

和孩子一起摺衣服或刷洗浴室，也是可以利用的好時機。孩子藉由幫忙可以培養責任感，在接受家人感謝的同時也能獲得自信。在此建議可以在進行時同時做手指運動（參見第一二五頁、一三一頁）。

散步或旅行時，孩子也較容易開口說話。重點在於要有對話的時間；至於解決問題，就讓我們另尋時機吧！

準備小點心
我回來了。
…
看起來好像不太有精神。
你回來啦！
這個時候不要馬上追問……
…
…
藉由吃點心安排可以聊天的機會，當然孩子不見得每件事都會願意說。
媽媽準備了好吃的泡芙哦，先洗洗手來吃吧！
好～

一邊動手
一邊聊天
我們一起來做小餅乾吧！
嗯！
首先呢～
打個蛋！
好！
對了，
聽說最近妳被欺負了嗎？
……
有一點啦！
有什麼需要媽媽幫忙嗎？
嗯～不用啦，沒關係……
我知道了……
好，接著將麵團擀平。
好～
但是真的需要幫忙時，一定要跟媽媽說哦！
……
……
我知道了……
一邊動手一邊聊天，會顯得比平時健談。

利用幫忙家事的時機
可以幫媽媽摺衣服嗎？
嗯，好啊！
上次那件事，結果如何呢？
嗯～其實……
這個呢，要這樣子摺。
好～
藉由一起摺衣服製造談心的機會。
原來如此，那麼……
如果是這樣的回答，也絕對不要再繼續追問。
一樣沒什麼啦！
好吧！

邀一起散步
最近小宏有點怪怪的耶……
是哦！
小聲
…
小宏，要不要和爸爸一起去便利商店買東西啊？
好啊！
既然要去，我們不如就到遠一點的便利商店吧！
便利商店
你可以選一盒霜淇淋。
耶！
爸爸最近在公司啊——
雖然是白領階級，其實也蠻辛苦的……
哦！
爸爸，我……
散步途中，孩子有時會不經意說出心聲。

換個場所談話，可能出現平日不會聊到的話題。
與平日不同的環境
仰望星空時
趕快許願喔！
啊！流星！
是喔，我呀～
爸爸年輕的時候啊……
泡溫泉時
爸爸一天到晚在工作，沒時間陪你們……
沒關係！
下次我要給小健……
禮物嗎？媽媽幫你想想送什麼好。
露營時
你們最近怎麼樣啊？
對了，最近我們班上……
我最近喜歡上一位女生……
哇！

總整理

☼ 準備小點心

即使沒有特別的話題，也可以一起喝茶、吃點心，最重要的是製造可以隨時談心的時間。

☼ 一邊動手一邊聊天

與其面對面談話，不如趁著一起作點心或拆開包裹時閒聊。因為一邊動手一邊聊，會更容易談得開。

☼ 利用幫忙家事的時機

拜託孩子幫忙摺衣服等家事，既培養他的責任感，當孩子得到讚美時也能增加自信，還能運動手指！

☼ 邀一起散步

視孩子的情況，可以邀他一起散步去購物。趁著來回的途中若無其事地和孩子談談，也是好點子。

☼ 換與平日不同的環境

外出時或旅行中會比平日更愛說話。但即使聽到令你掛心的事，也不要操之過急，以親子對話為優先，至於解決問題，就另尋良機吧！

NG溝通法　否定的說話方式

以下介紹父母在和孩子說話時容易犯的ＮＧ應對例子。

✗ 預設立場

為了孩子未來著想所說的話，有時只會變成一頓訓話的情形。

「作業寫好沒？什麼時候要寫？」若是這樣質問，只會換來孩子回以「知道了啦！」及不耐煩而已。即使並未說得很尖酸，更沒有任何惡意，但是卻會點燃一場親子戰爭。雖然是出自父母親「為了你的將來著想」的苦心，然而對孩子而言，聽起來卻只是在被要求「照我的話做」而已。若老是讓孩子遵守父母的指示去做，總有一天孩子會覺得父母「一天到晚都在嘮叨」或「根本就不信任我」，甚至全當作耳邊風了。

✗ 全面否定

一有疑慮就認為那是導致一切的惡因，結果可能會使父母誤認為「都是因為這樣，所以我們家孩子才會表現不佳」的情形。

這也是因為過度擔心小孩而導致的傾向。儘管孩子說「沒關係」，但是父母一開始便已否定一切，因此會朝不好的方向想。然而父母越是堅持自己的意見正確，孩子越會認為「反正我再怎麼說還是會全部遭否定」，於是什麼話也不願再說了。

為什麼父母親的想法和孩子的感受會有這樣大的差異呢？

如果是年幼的孩子，當父母說「回答我的問題」時，他或許會心不甘情不願地回答，但如此的親子對話是在父母的壓力下形成，當孩子逐漸長大到小學階段時，就會開始有「再也不願意服從了」的念頭。如果親子間的關係是當父母無論說什麼孩子總是反駁，或孩子不願對父母說任何話，那麼請反省平日的親子對話吧！

啊哈哈！
NG溝通
還在打電動！
作業寫了沒？
會寫啦！
對嘛！
到底什麼時候才寫？
要寫了啦！
火大
NG 1 預設立場
明明還在打電動！
就已經準備要去寫了嘛！
這樣哪還有心情寫啊……

甚至有一天——
妳遇到麻煩了對不對？對不對？
對不對？
沒有啦！
好可怕，這樣我哪敢講啊！
你說！是不是遇到麻煩了？
是不是？
嗯～好像有……
我就知道你有！
是什麼？
其實……
你看你怎麼辦唷！給我振作一點！
如果再這樣，你就不是我們家小孩了！
NG 2 全面否定
怕怕
怕怕

總整理

☼ 不要預設立場

為了孩子未來著想而說的話，往往容易讓孩子聽起來覺得父母只是在要求「照我的話去做」。老是被強迫得順從父母的小孩，終究有一天會不願再聽從父母的話。不要為孩子的行動預設立場，試著聽聽孩子們的意見吧！

☼ 不全面否定

一有疑慮就認定那是造成一切的惡因，以致父母一開始就全面否定孩子所說的話。如果父母總是堅持己見，孩子將不再願意開口說話。試著以各種角度來看待孩子吧！

3章

就從父母開始做起

「和媽媽聊天就覺得好開心哦！」

「爸爸說話好有趣哦！」

如果家中的孩子這麼認為，

使用複述及附和的方法一定非常有效。

但是，效果若沒有想像中來得好時，

很可能是因為在父母開口說話之前，

孩子就認為「反正說什麼都只會惹人厭」、

「又要開始訓話了，我可不想聽」，

因而不願打開緊閉的心扉。

什麼都能談，一起聊天就覺得很快樂，

若能在嬰幼兒時期就建立這樣的親子關係，

那真是最理想不過了！

然而在今日忙碌生活中卻難以實現。

但是現在也絕非為時已晚，

所以無須太擔心。

父母親重新開始建立
「一起聊天就很快樂」的基礎吧！
在此介紹一些製造快樂話題的方法。

還有，我衷心地認為，
這不僅僅是母親的責任，
父親也應該共同實際參與。
試著在出差時寄風景明信片給孩子，
（風景明信片的留言空間較小，
寫短短的一句話就可以了）
或是在上班休息時間發傳真給孩子，
（使用傳真可以畫上一些圖案）
這都只需花一點點工夫就做得到。
因為父母最初的目標是
打開孩子緊鎖的心房。

以「媽媽日記」作示範

如果覺得每天都要想出有趣的話題是一件難事，可以試試看利用「媽媽日記」。這是由媽媽代孩子寫下以週為單位的日記。先製作一張附意見欄的一週預定表，並且放在家人容易注意到的位置，例如貼在冰箱上或放餐桌上。然後媽媽向全家人宣布「決定從這星期開始試著寫這樣的預定表」並開始進行。

首先，寫下一星期的預定計畫。當一天結束後，由媽媽代小孩在意見欄裡填入感想。這時請留意用文雅的字句表達。因為當父母念出這些文句時，就可以為孩子示範一個良好的說話模式。相信這樣的話題會比「在學校怎麼樣？作業寫了沒？」的問答更來得有趣。

媽媽作了一本小南的日記喔！
我的日記？媽媽作的？
我把它放在這裡哦！
希望能增加對話的機會……
媽媽日記
孩子的預定計畫
媽媽的意見欄
6/18 一 朝會 必須提早起床
6/19 二 補習 得到老師的讚美
6/20 三 游泳 希望可以破紀錄
6/21 四 家長日 有一點感冒了
6/22 五 資源回收日 報紙很沉重！
6/23 六 整理房間 晚餐外食，好開心哦！
6/24 日 游泳池 今天天氣不好
雖然只需短短的一句，記得也要用文雅的字句。
謝謝妳這天幫我做家事。
讀的時候順便將感想也念出來。
「爸爸日記」當然也OK。

全家一起來寫家庭日記

當孩子開始對「媽媽日記」產生興趣、發表感想，甚至主動添加自己的意見時，接下來就可以試著讓孩子自己寫預定計畫及意見。一張紙上列出一週份或兩週份的計畫表都沒有關係，只要是孩子能輕鬆填寫的分量就可以了。

然後將媽媽日記發展成家庭日記，爸爸、媽媽、兄弟姐妹每人都有一份自己專屬的日記，並放在顯眼的位置。「六點起床，準備遠足便當」、「打電話給外婆」、「今天應酬，晚一點回家」、「去買鞋」等，以寫備忘錄的方式填上每天的預定計畫；意見欄寫短短的一句也行，只要能在每天結束前填好就可以。如此一來，家庭日記便可以成為全家的共通話題了。

成功！
也在我的日記裡寫點意見吧！
我的日記裡寫了好多家人的意見！
哇！
開心！
家族日記
意見欄
如果可以，盡量使用完整的文句。
其他家人填寫意見也OK。
孩子的預定計畫
名字（中野　南）
12/18（日）
12/19（一）
12/20（二）
12/21（三）
12/22（四）
12/23（五）
12/24（六）
去小美家
寫賀年卡
籃球賽
鋼琴課
大掃除
游泳池
休業式
平安夜
寫好多張賀卡。
我已經盡全力了。
拜爾鋼琴教本彈完！
環境變乾淨！
小破紀錄囉！
這學期成績進步，希望有禮物！
很認真哦！真令人期待發表會。
也幫忙打掃家裡吧！
我也破紀錄了！！
期待得禮物！

傳達訊息的留言便條

利用便條紙來傳達簡短的留言、要求或面對面時難以表達的話語等。內容可以是「○○電話來訪」、「忘了報告預定計畫變更」等事務性的聯絡事項，也可以是「美乃滋快用完了」、「冰淇淋吃光了」等備忘錄。

但若是要提醒孩子應該執行的工作時，最好寫出具體的指示，如「四點要上鋼琴課」、「明天早上將聯絡簿交給老師」。此外，還可以寫上「謝謝你幫我整理東西」、「對不起，昨天對你發脾氣了」等父母的心聲，也十分地感性。然後將便條紙放在家中任何一處顯眼的位置。

當孩子來告訴父母：「我看到那張便條了！」那將會是令人感到溫馨的一刻，不是嗎？

留言便條
整盒冰淇淋都已經吃光了。
爸爸
準備紙筆讓孩子也可以留言。
對不起，昨天大發脾氣了。吃甜甜圈吧！
媽媽
放在醒目的位置。
妳看！
留言便條可以製造親子談話的機會。
媽媽，我看到了！
我們一點也不介意唷！
真的？實在很抱歉！
呼～

爸爸也一起參與溝通

沒時間和孩子說話、不知道與孩子從何聊起……在此介紹幾種方法教導媽媽如何輔助有這類煩惱的爸爸。

「影像信」是記錄孩子認真參與學校活動或才藝班過程的錄影帶。讓孩子在便條紙上寫「要記得看哦」，並將留言便條和影像信放在一起。如果拍攝錄影帶有困難，也可以使用相片來代替。多照幾張相片，當家人聚集在一起時就可以當作聊天的題材。

此外，還能以爸爸的興趣當作謎題，和孩子來玩猜謎遊戲。它可以有效協助爸爸，建議多使用這類溝通工具。進行猜謎遊戲時，先由媽媽設定題目，當要公布解答時，可以告訴孩子：「正確答案要問爸爸！」藉此為父子間搭起溝通的橋梁。

爸爸很晚才會回家，
我們寫張留言放在這裡給爸爸吧！
嗯！
影像信＆照片
大地 2008 運動會
爸爸要看哦！大地
ALBUM
鋼琴發表會有認真表現哦！小南
感動～
抖抖
將孩子認真的表情保存在錄影帶或相片裡。
記得加上孩子的留言。
幾天後，當全家聚在一起時
這時候真的很辛苦哦！
耶！耶！
看得出來你們確實很認真喔！

腦筋急轉彎

腦筋急轉彎大挑戰

看看能答對幾題？

Q1

什麼動物過了木橋就不會叫？

Q2

樹的味道像什麼？

Q3

什麼鹿是黑色的？

Q4

一條橋的兩端各有一塊牌子寫著「不准過橋」，為什麼大家還是過橋呢？

Q5

一隻凶猛的餓貓，看到老鼠，為何拔腿就跑？

Q6

請問烏龜的心長得像什麼？

Q7

放煙火時，為什麼不會射到星星？

Q8

看一部電影兩百元，三部電影多少錢？

Q9

有一隻熊走過來（猜一句成語）？

Q10

羊停止了呼吸（猜一句成語）？

答案在第143頁

這麼難，爸爸猜得出來嗎？
出這題如何？
爸爸喜歡釣魚，關於魚的知識很豐富哦！
要不要出個謎題讓爸爸猜猜看呀？
猜謎遊戲
猜謎
大地和小南出題
先找圖鑑讓孩子畫圖
牠們是比目魚嗎？
提示：一條
哈哈哈！這太簡單了！
順便告訴你們比目魚呀……
哦！
大成功！
爸爸好厲害！

4章

幫助孩子克服不擅長的項目

從團體中發現「不擅長的項目」

父母眼中「不易養育的孩子」，
老師眼中「不易教導的孩子」，
這群孩子們，
多少有一些不擅長、不拿手的領域。
可能是靜不下來學習，
也或許是無法依照指示進行；
可能是不夠靈巧，
或是成績總沒有進步，
抑或是不擅長表達自己的情緒。
各種情況都有可能。

但是，讓我們仔細想想，

其實任何孩子都有些許不擅長的事。
雖然到目前為止，並不覺得哪一方面特別難以教養，
就是美勞做得不好、總是出現錯別字、
運動方面不拿手、準備動作很慢、
常和其他小朋友吵架等等，
從父母或老師的觀點來看，這些令人擔心的事，
每個孩子多多少少都會有，不是嗎？

在團體生活中，
孩子「不擅長的事」較容易發現。
到目前為止在家中並不覺得顯眼的小問題，
處在學校成群的孩子中，這些「不擅長的事」就特別醒目。
接著，父母和老師會開始糾正，
甚至忍不住責罵，
漸漸地，孩子會失去信心，認為：

「反正，我是很糟糕的小孩」、
「就算做了我還是不會」。
甚至部分母親開始自責：
「都是我的教養方式不對」、
「我是不及格的媽媽」，
因此心情低落沮喪。

在家中做得到，在學校卻做不到

其實，孩子並沒有發現，
自己是受本身的「不擅長」所困擾。
例如，重新編班後進行自我介紹時，
老師提出這樣的指示：
「請說出自己的名字，

以及自己最喜愛的是什麼。

然後指名叫下一位同學。」

通常老師會在前一天就宣布：

「明天將要請各位同學起立談自己最喜愛的東西。」

由於已經提早告知，

所以一般是可以在家先練習。

即使已和媽媽多次練習說「我最喜愛的是草莓」，

然而不知為什麼，一到隔天——

就是連一個字也說不出口，只是默默站著。

於是，擔心不已的老師會將情形寫在家庭聯絡簿上，

父母則認為「明明練習時都會，為什麼會這樣呢？」

家是孩子最能感到安心的地方。

在學校雖然快樂，

但是許多的同學注視著，所以容易緊張，

況且，說不定一發言就會有人插嘴打岔。

此外，如果其他小朋友比自己先說出
「我最喜愛的是草莓！」
孩子會擔心，「我會不會被說是學人家的啊？」
結果便一句話也說不出來。

種種情況都有可能發生，
所以在家做得到的，不見得在學校也能做到。

培養自我成就感

「最喜愛的東西」這一題目，
對於低年級的孩子而言，
也可能過於抽象以致難以思考。

如果改成「最喜愛的顏色」、「最喜愛的運動」，情況也許就會不一樣了。
讓我們仔細聽聽孩子說些什麼吧！
或許您會發現孩子的「拿手項目」，例如：
對於其他小朋友的舉動觀察入微，
對於其他小朋友說的話認真傾聽。
如果發現了孩子的優點，別忘了給予讚美。

不擅長在眾人之前說話，
對學校的運動不拿手，
和大家一樣寫字和勞作卻老是慢半拍……
為了不使孩子們由於「不擅長」、「不拿手」的事，
因而感到痛苦、感到無能，
這裡介紹在家也能做得到的輔助方法，
提供給為人父母者參考。

不擅長摺摺、剪剪、做勞作

是否曾經在看到孩子的學校美勞作品後，心生感嘆：「我們家小孩是不是手腳不夠靈活？」「要是再認真一點，不就能做得更好了嗎？」摺紙摺得不好、四個角都掀開了、顏色畫超出格線、剪得不直等等，在上小學前，這些小問題都能歸因是「手指還不很靈活」。然而孩子再大一點時，發現不會寫注音符號、無法將字寫在格子裡、不會玩跳繩、墊上運動和爬杆運動不拿手的例子並不少。

關於「不擅長做勞作」，這和運用手指的經驗不足有關。與孩子共同摺衣服，促進孩子的手指運動吧！孩子在幫忙後會樂於得到讚美，而且一起摺衣服還能製造和孩子說話的機會呢！

將這個角
和這個角
對齊。
好……
像這樣
嗎？
摺得很棒
哦！謝謝
妳幫忙！
不要忘了讚
美孩子。

建議

和孩子一起摺衣服，先從孩子容易摺得好的手帕開始。將角對齊角摺成四方形，同時記得教導孩子：「摺的時候要角對齊角喔！」接下來是摺長方形的毛巾，然後再將T恤等較大的衣物交給孩子摺看看。我想每個家庭在摺T恤的時候應該會有各自不同的摺法，總之重點是在「角對齊角」，因為這樣的摺衣經驗將應用在學校摺紙勞作時也會「角對齊角」。最後，親子還能互相為對方加油打氣，然後一起來挑戰摺床單吧！

說話口齒不清

低年級的孩子，偶爾還是會有人將星星說成「晶晶」、絲瓜說成「西瓜」。特別是捲舌音較難發音。小孩口齒不清聽起來讓人覺得「很可愛」，而且多數再長大些自然就會改善，但有時候卻會成為遭人取笑的話柄，甚至因此導致孩子不願開口表達自己的情緒及意見。如果父母擔心這種情況，可以諮詢語言治療人員。

發音不成熟與舌頭及口部的活動技巧不熟練有關，而口部周邊的活動情況與手指的活動方式及靈活度有關。父母除了鼓勵孩子摺衣服及玩手掌遊戲等活動來促進手指運動外，也可以利用吃飯及點心時間，鼓勵孩子做愉快的口部運動。

吃堅果巧克力時——
試試看先吃掉巧克力，堅果留到最後吃。
吃霜淇淋時——
像這樣運用舌頭舔舔看。
這樣嗎？

建議

在煮咖哩飯或燉飯時，試著將食材切大塊一點。因為吃較大塊的食物時，必須大量活動口部及舌頭，如此一來自然能達到練習的效果。此外，可以選擇堅果巧克力當孩子的點心，孩子吃的時候，鼓勵他試試看只吃掉外圍的巧克力，而將中間的堅果留到最後再吃。其他如魷魚乾和蕃薯也可以拿來當點心，或是霜淇淋和糖果讓孩子舔食到最後。還有一個方法是將奶油或果醬放在盤子上讓孩子大聲地舔乾淨，雖然這動作可能會讓人覺得沒家教，但卻能促進口部周邊運動，建議父母不妨嘗試看看。

不擅長言語表達

在所謂的「問題兒童」中，一部分是屬於「不擅於藉言語表達自己的想法及意見」的小孩。因為不善表達，所以無法順利傳達，孩子越發焦躁，於是便會對其他小朋友或身邊東西出氣，孩子自己本身也會因為無法與人溝通而感到憂鬱。另有一部分不善言談和話極少的孩子，他們或許是因為擔心自己的說話方式不正確或發音不標準，所以刻意地盡量不說話；也或許是因為少有在家庭以外場合說話的經驗。但無論如何，千萬別斥責孩子「要開口說說看」或「把話講清楚」。加強孩子的說話能力，最快的方法是從讓孩子活動手指開始。孩子藉由手指的活動將信號傳送到大腦，刺激並活化大腦語言區，就能促進語言能力發展。

建議

試試玩石頭與布遊戲，這是一個適合親子同樂的手掌遊戲。先將一隻手向前伸直並打開手掌，另一隻手則放在胸前握緊拳頭，然後一邊交換兩手的動作，一邊歌唱：「你看！你看！你會這樣嗎？」接下來遊戲夥伴也跟著模仿並唱出：「你看！你看！我會這樣做！」在遊戲過程中，兩人可以交換先後順序，也可以逐漸調快速度等，盡量嘗試各式各樣的變化。由於這是一個適合大家同樂的遊戲，因此也可以在家人或朋友聚會的場合中玩，極為有趣。

〈準備的器具〉
豆子沙包
1
拿起一個沙包
往上丟。
2
沙包掉下來之前
撿起另一個。
3
撿起沙包的同一隻手
去接掉下來的沙包。
要先撿起再接哦！
咻～
4
慢慢增加撿起
的沙包個數。
每次都只往上丟一個。
一次可以撿起
多少個呀？
換媽媽了～
啊！掉下來了！

建議

準備幾個沙包放在桌上。建議使用小一點的沙包或豆子沙包。遊戲方法是拿起其中一個沙包往上丟，趁著這沙包落下來之前，撿起桌上的一個沙包，然後接住落下來的沙包。如果動作熟練了，接下來將一個沙包往上丟，然後撿起兩個沙包，甚至三個沙包，再接住落下的沙包，慢慢地增加撿起沙包的個數。玩這項遊戲時，只往上丟一個沙包，並用同一隻手撿起桌上的沙包及接住落下的沙包。若是未用力抓緊，手中的沙包就會散落，因此有助於手指運動。建議親子輪流玩耍並相互挑戰吧！

建議

製作漢堡或水餃也可以促進手指運動。過程中需要兩手來拌勻材料，並且用力搓揉後製作成形。因為是孩子親手做的，所以不必太在意成品的形狀。此外，將材料攪拌後製作成炸丸子，或是以腳踩踏麵粉團製成烏龍麵，也是不錯的點子。像這樣將手指運動延伸成遊戲，甚至擴充為幫忙家事，不但孩子會樂在其中，父母也無須吼罵，何樂而不為呢？

除了一起製作食物外，使用海綿洗碗盤或刷浴缸等，也是與使用手指、握緊拳頭有關的手掌運動。

常常跌跌撞撞

當孩子聽到「集合！」的口令跑過來時，肯定會撞到其他人；在「向前走」時也是如此，「咚」的一聲就撞上排在前方的人；參與體育競賽時不是撞到頭就是撞到肩，有時甚至以臉著地。這些可能是因為「我們家孩子就是這麼不小心」所造成，但也可能是因為不了解自己的身體大小，掌握不住身體的概念所致。

如果讓這些孩子畫人物圖，畫出來的就如學齡前兒童所畫的，圖中人物不是從臉上長出手腳，不然就是軀幹如火柴棒。這是因為孩子平常就未意識到自己的身體，因此畫畫時也不會意識到。如果是父親或母親與孩子一起洗澡的家庭，父母可以一邊洗一邊告訴孩子現在洗的部位名稱。利用黏土製作出人物模型也是好方法。

玩黏土遊戲時——
肩膀在哪裡？
手臂從哪兒伸出來呀？
洗澡時——
要幫你洗手肘囉！
孩子，你長大了喔～

建議

和繪畫相比，黏土作品較沒有「好」或「不好」的明顯差異，所以是孩子較容易上手的材料。在玩黏土時，父母可以問孩子：「脖子在哪裡？」「哪兒是肩膀？」「手臂黏上了嗎？」「膝蓋是不是做了呢？」一邊教導孩子身體的部位，同時也可以一起動手做，甚至還能辦一場鑑賞會呢！

此外，幫孩子洗澡時，也可以一邊洗一邊告訴孩子：「要洗膝蓋囉！」「這裡是上臂。」「肩膀變寬了唷！」幫助孩子意識到自己的身體，才能抓得住身體的概念，活動身體時也才會顯得靈敏。

寫字不工整，不擅抄寫

當你看到孩子的筆記本或考卷時，是否覺得：「要是能夠再認真一點寫……」寫出來的注音符號怎麼看都很怪，國字的細節部分寫得很含糊等。再回想看看，是否發現孩子在小學一年級時不太會照著範本寫字。部分的孩子「不善於掌握形狀」，不僅僅是寫字，畫畫也一樣。問題不在於他能不能準確地寫出字形，而是在於沒有辦法掌握住物體的形狀，不善於以畫畫來表達。如果使用描圖紙練習描寫有助於改善。此外，若是在小學一年級就能記住約八十字，小學二年級之後就會較輕鬆。至於寫字超出格子，是因為不知道如何控制力道。利用手掌遊戲（參見第一二九、一三〇頁）及幫忙做家事（參見第一二五頁、一三一頁）促進孩子手指運動吧！

寫出正確的國字，
並在上方覆蓋一張
描圖紙。
山川
配合孩子的程度，
在字數及字的大小
加以變化。
照著下方
的字描寫
看看！

建議

請父母在紙上正確寫出大一點的國字作範本，再將描圖紙覆蓋在範本上，然後讓孩子在透視度高的描圖紙上練習寫字。

此外，在空中練習寫字的方法也不錯。這種方法適合用來親身體驗並了解注音符號及國字的結構特徵。讓孩子將手臂向前伸直，膝蓋或彎或伸，然後在空中大大地寫出字來。體驗了注音符號扭來扭去的感覺，國字方方正正的感覺、或勾或撇，都能在孩子拿筆寫字時喚醒記憶。

不會照指示做

部分孩子在上課或上才藝班時，總是不能遵照老師的指示，因此常常遭到叱責。例如上足球課時，這些孩子跟不上老師的「足內（側傳）！」「足外（側傳）！」指示，於是遭到「到底要講幾次你才聽得懂啊！」的責罵。其實，有的孩子在視覺方面比聽覺方面好，他們並不能馬上理解什麼是「足外」、「足內」。

再舉例來說，在學校學口風琴時，有的孩子在老師指示「按下Do、Mi、So」時，便會不知所措。這是因為在孩子的感覺中，耳朵聽出來的音階與鍵盤的位置不一致的關係。這只需在運動鞋上、手指及鍵盤貼上有色貼紙就可以解決。改以「紅色，藍色！」來指示效果更佳，因為有的孩子是在視覺辨別方面較為拿手。

建議

踢足球時，可以在運動鞋貼上有色貼紙，將紅色貼紙貼在足外傳球時的踢球部位，再將藍色貼紙貼在足內傳球時的踢球部位上，讓孩子一眼就能分辨出使用哪一個部位踢球。此外，對於不擅長口風琴的孩子，可以在手指及對應的鍵盤上貼彩色貼紙，例如在「Do」上貼綠色貼紙，就在拇指上貼綠色貼紙；如果在「Re」上貼藍色貼紙，就在食指上貼藍色貼紙。然後一邊讓孩子按住鍵盤，一邊告訴孩子「Do、Re、Mi是綠、藍、紅」，利用顏色讓孩子記住音階就可以了。

不擅長跳繩及騎腳踏車

跳繩和騎腳踏車都需要同時進行兩個動作才能達成。跳繩是在「旋轉繩子」的同時進行「跳過繩子」的動作；腳踏車是在「操作方向」的同時進行「踩」的動作。若孩子對於自己的身體較沒有概念，就需要花較長的時間了解活動身體和取得平衡的方法。

首先，將所有動作拆解成一個個步驟，讓孩子從抓住基本概念開始練習。由於過程中旋轉跳繩或扶穩腳踏車等，需要借助大人的力量才能達成，因此爸爸應該較擅長協助這樣的練習。建議利用假日時慢慢地練習，同時親子一起享受溝通的樂趣。

建議

父母與孩子一起玩跳繩，可以幫助孩子掌握跳繩的要領。父母在轉動繩子之前讓孩子加入共同跳，也可以讓孩子自己決定什麼時候跳進來。接著讓孩子一手拿跳繩，每當孩子跳離地時，父母就規律地旋轉繩子。經過這項練習後，再讓孩子自己獨立跳繩。

練習騎腳踏車時，由父母扶穩腳踏車，讓孩子從操控煞車及掌握平衡感開始練習。接下來父母只要扶穩腳踏車後座，讓孩子練習踩踏板前進。當孩子差不多熟練時，試著放手讓孩子獨自操控腳踏車。

常常忘東忘西，浪費時間

有的孩子常常忘東忘西，必須花許多時間準備上學要帶的教具。明明就是在找尺，一轉身卻又玩了起來，完全忘記找尺的事。房間總是亂到根本不知道什麼東西放在哪裡。換衣服時，脫下的衣服常常亂丟，結果找不到換下來的衣服。在學校時，老是將筆記本或鉛筆盒弄掉落在書桌旁的地上。當值日生時，總是拖拖拉拉。常常不曉得下課時間已經結束，結果來不及準備下一堂課……

這些孩子並不習慣思考「現在要做什麼事」這樣的行動準則。因此，可能會出現不懂得安排，不知道如何轉換情緒，以進入下一個步驟。如果有這種情形，父母需要提供具體的方式示範給孩子看。

建議

準備幾個盒子。事先決定好「衣服放這盒子裡」、「要帶去學校的用具放那盒子裡」。脫換下來的衣服放入固定的盒裡，需要時再從中拿出來。父母先將學校用具箱裡的東西擺正，然後拍成相片做範本，並將範本貼在箱子上。

接下來，將孩子的時刻表寫在紙上並貼起來。例如七點四十五分不出門上課會遲到，就在紙上寫「7：45」，然後放在電視機上方。如果能同時在紙上畫上時鐘，還可以讓孩子學習如何看時鐘，一舉兩得。

結語

到「聽與說教室」裡來的孩子們，他們的課題是從班上人際關係及溝通過程中有所發現，有所成長茁壯。當孩子在面對自己的「不拿手」及「不擅長」時，的確需要像我們這樣的第三者給與特別支援。然而我深切地認為，在家庭中的溝通上多用點心更為重要。此外，新世代的孩子不論有無障礙，都需要我們的細心關照。易怒、注意力散漫的孩子，必定會在人際關係上受挫折。而從「溝通障礙」的觀點來看，我認為，在「聽與說教室」裡所做的實踐，正可以適用於這些令人有點擔心的孩子。

在「聽與說教室」裡，我們一起談論有關親子的相處模式及溝通方式。對孩子而言，最親近的人正是母親；同樣地，對母親而言，最親近的人也正是孩子。我們認為「就育兒來說，孩子和父母是同樣年齡」。隨著小孩出生，父母正式成為新生父母，當孩子長到七歲，父母的育兒年齡也不過才七歲。就如同孩子要學習許多社會性及人際關係一樣，我們為人父母還有許多該學習的科目。既然如此，大家一起快樂學習不是很好嗎？本書中，我們將教室裡的實踐題材拿來運用在家庭中做得到的方法及訣竅上。這些都不是什麼特殊的方法，只要在生活中多一點用心，多一點訣竅，孩子的健康笑容、親子間的快樂溝通、愉快的相處方式都可以實現。我並不打算對您說「來吧！用力加油吧！」只是想建議您「要不要嘗試看看？然後持續看看？」

最後，我認為身為「聽與說教室」的老師，我們的任務是成為您育兒方面的夥伴。我們的存在是和您一起煩惱、思考、討論，然後一起實踐。能夠成為您育兒夥伴的人不僅只有我，還有許多站在各種立場的人。千萬不要「只是一個人」，也不要「只讓一個人」抱持煩惱，在此真心期望大家都能夠一起來參與育兒的行列。

一一四～一一五頁腦筋急轉彎解答

Q1 狗，過木不汪（過目不忘）

Q2 雞，樹味像雞（數位相機）

Q3 柏油路

Q4 「不准過橋」是橋名

Q5 跑去追老鼠

Q6 箭，龜心似箭（歸心似箭）

Q7 因為星星會閃

Q8 五十元，三部五十（三不五時）

Q9 有備而來（有BEAR來）

Q10 揚眉吐氣（羊沒吐氣）

國家圖書館出版品預行編目資料

改變孩子的有效溝通 / 阿部厚仁監修；孫玉芳譯. -- 初版. -- 臺北縣新店市：世茂, 2008. 06
面； 公分. --（婦幼館；102）

ISBN 978-957-776-925-1（平裝）

1. 親職教育　2. 親子溝通

528.2　　97009924

婦幼館 102

改變孩子的有效溝通

監　　修／阿部厚仁
取材・構成・文／安里麻理子
插　　畫／川原由起子
譯　　者／孫玉芳
總 編 輯／申文淑
責任編輯／傅小芸
出 版 者／世茂出版有限公司
發 行 人／簡玉芬
登 記 證／局版臺省業字第 564 號
地　　址／（231）台北縣新店市民生路 19 號 5 樓
電　　話／（02）2218-3277
傳　　真／（02）2218-3239（訂書專線）
（02）2218-7539
劃撥帳號／19911841
戶　　名／世茂出版有限公司
單次郵購總金額未滿 500 元（含），請加 50 元掛號費
酷 書 網／www.coolbooks.com.tw
排　　版／辰皓國際出版製作有限公司
印　　刷／長紅彩色印刷公司
初版一刷／2008 年 6 月

定　　價／200 元
I S B N／978-957-776-925-1